Mark Sarg

Der Papst als Staubwedel

Mark Sarg

Der Papst als Staubwedel

Bizarre Kurzgeschichten

Goldene Rakete Verlag für Belletristik

Imprint
Any brand names and product names mentioned in this book are subject to trademark, brand or patent protection and are trademarks or registered trademarks of their respective holders. The use of brand names, product names, common names, trade names, product descriptions etc. even without a particular marking in this work is in no way to be construed to mean that such names may be regarded as unrestricted in respect of trademark and brand protection legislation and could thus be used by anyone.

Cover image: www.ingimage.com

Publisher:
Goldene Rakete Verlag für Belletristik
is a trademark of
International Book Market Service Ltd., member of OmniScriptum Publishing Group
17 Meldrum Street, Beau Bassin 71504, Mauritius

Printed at: see last page
ISBN: 978-620-0-51873-6

INHALTSVERZEICHNIS

DIE ADRETTE LEICHE 3

DAS SCHÖNSTE MORDOPFER ALLER ZEITEN 4

DIE ERTRUNKENEN TEUFEL ODER

DIE PÄPSTLICHEN ADOPTIVSÖHNE 5

DER JUNGE WERWOLF 6

„LERNEN DURCH STRAFE“ ODER DIE BELOHNUNG 7

DAS GOTTVERLASSENE DORF 8

GUTE RATSCHLÄGE FÜR DEN EHEGATTEN 9

DER PAPST ALS TEDDYBÄR 10

DER PAPST ALS WILDSCHWEIN 11

DER PAPST ALS MATROSE 12

DER BLUMENHEILIGE 13

DIE POLITISCHE LEICHE 14

DER DORFAPOSTEL 15

DAS VIRTUELLE GESCHÖPF 16

DER ALLZEIT UMWORBENE 17

DER GALOPP AUF DEM RHINOZEROS 18

DER PAPST ALS ZIMMERKLO 19

DER PAPST ALS BETTVORLEGER 20

DAS UNVERFRORENE GESCHÖPF 21

DER SARG ALS BRAUTJUNGFER 22

DIE UMGEKEHRTE AUTOPSIE 23

DER NACKTE REGENWURM 24

DAS NACKTE ENTSETZEN 25

DIE KUNST, SICH SELBER ZU VERSPEISEN 26

DAS ROTZGIRL 27

DAS SCHÖNSTE ROTZMENSCH ALLER ZEITEN 28

DER RICHTER UND DAS ROTZMENSCH 29

DER HEILIGE UNRAT 30

„WER SICH MIT FLÖHEN HINLEGT …“ 31

DIE HÜBSCHE GESCHICHTE 32

DAS EINFÄLTIGE GESCHÖPF ODER
DER KAISER VON CHINA 33

DAS VERSCHWOMMENE GESCHÖPF (2) 34

DIE SELBSTEXHUMIERUNG 35

DER PAPST ALS BRECHMITTEL 36

DER PAPST ALS BRATHÜHNCHEN 37

DER PAPST ALS STAUBWEDEL 38

DER SMARTE NIKOLAUS 39

DER KAPAUN MIT DER KAPUZE 40

DIE WILDE GANS 41

DER PAPST ALS ZIGARRENSTUMMEL 42

DAS RUCHLOSE GESCHÖPF 43

DER PAPST ALS ZUCKERFEE 44

DIE ADRETTE LEICHE

Selbst in ihrem ***späteren*** Zustand ging Miss Halifax Schalkrüssel prinzipiell nur ordentlichst frisiert und adrettest gekleidet auf die Straße. Nie wäre es ihr auch nur im Traume eingefallen, so zerlumpt umherzuschleichen, wie manche „Lebende" dies tun.

Solchen unliebsamen Gesellen pflegte sie voll Abscheu zuzurufen: „Wartet nur, bis ihr ***drüben*** seid! Dann habt ***ihr Ausgangssperre***!"

DAS SCHÖNSTE MORDOPFER ALLER ZEITEN

Ein höchst bedauernswertes ehemaliges Mordopfer erfreut sich mittlerweile wieder derart ***blühenden*** Aussehens, dass es beim besten Willen nicht mehr als solches zu erkennen ist. Weshalb man sogleich ehrerbietig den Hut vor ihm zieht, wenn man ihm auf der Straße begegnet.

Doch was weit ***beunruhigender*** ist: Man tut dies möglicherweise auch vor seinem ***Mörder*** ...

DIE ERTRUNKENEN TEUFEL ODER

DIE PÄPSTLICHEN ADOPTIVSÖHNE

„***Arme*** Teufel!“ In gespielter Barmherzigkeit verfolgte Bischof Matteo Schnuddelmayer das Ende dreier quirliger kleiner Teufel, die sich bei der wahrhaft ***toll***kühnen Mutprobe, wer sich als ***Erster*** ins riesige Weihwasserreservoir des Vatikans getraue, gegenseitig so „überboten“, dass sie allesamt hineinpurzelten und ertranken.

„Doch ***reiche*** Beute!“ Strahlend rieb er sich die Hände und übergab die drei „fangfrisch“ in einem lila Geschenksarg mit violetter Masche triumphierend Papst Feinstaub dem Zarten, der ihn daraufhin pflichtschuldigst in den Kardinalsstand erhob.

Nach einer kurzen Dankesmesse überlegte der Heilige Vater nun angestrengt, wie er sich der „Trophäen“ möglichst rasch und auf elegante Weise wieder entledigen – und zugleich christliche Demut und Versöhnung demonstrieren könne.

Er ***adoptierte*** die Teufel posthum und ließ sie feierlich im Petersdome beisetzen – wo sie noch heute als seine „Nachfahren“ von unzähligen Gläubigen verehrt und angebetet werden.

DER JUNGE WERWOLF

Ein junger Werwolf traf einen älteren. Respektlos, wie die Jugend nun einmal ist, erwartete er, dass dieser ihn ***zuerst*** grüße – was er aber selbstverständlich nicht tat.

Daraus folgerte er, dass jener genauso respektlos wäre wie er selbst – und ***heiratete*** ihn aus Überzeugung. Und ohne ihn vorher zu fragen.

Dieses auf ***rein*** menschliche Wölfe zu übertragen, ist daher nicht ***un***eingeschränkt möglich ...

„LERNEN DURCH STRAFE“ ODER DIE BELOHNUNG

„Lernen durch Strafe“ – dies habe er nun wirklich ***hinreichend*** ausgekostet, resümierte Prälat Ismail Flicksack, dem die christliche Doktrin trotz der eigenen Laufbahn immer schon ein wenig suspekt gewesen, und der gerade wieder einmal nach einer allzu „liberalen“ Predigt im letzten Augenblick den Häschern der Inquisition in einen Wald entkommen war.

Fortan lerne er nur noch durch ***Belohnung***!

Und er fing gleich damit an, indem er sich auf dem nächsten Baum aufknüpfte.

DAS GOTTVERLASSENE DORF

Ein gottverlassenes Dorf, das hier nicht weiter beworben werden soll und daher nicht namentlich genannt wird, wurde dem ***Teufel*** zur idealen Heimstatt.

Er baute Hotels, Schwimmbäder, Spielhallen und Sportanlagen, und schuf eine florierende Fremdenverkehrsgemeinde – deren Einwohner ihn hierfür zum „Ehrenbürger auf ewig“ kürten ...

GUTE RATSCHLÄGE FÜR DEN EHEGATTEN

In einer speziellen Hörfunksendung erteilte ein gewisser Prof. Hacksack van Salmiak eine Zeit lang „Gute Ratschläge für den Ehegatten" – deren Befolgung allerdings durchwegs ***letal*** für die Betroffenen endete.

Als sich dies mehr und mehr herumgesprochen hatte und die Sendung deshalb eingestellt worden war, versuchten nun viele ***Gattinnen*** krampfhaft, den „Gelehrten" zu kontaktieren, um ihn zum „Privatunterricht" zu engagieren – doch war er unerklärlicherweise mittlerweile verschwunden ...

DER PAPST ALS TEDDYBÄR

Seine halbe Amtszeit hindurch träumte Papst Nimmerlein II. ausschließlich davon, auch einmal ***selbst*** von jemandem auf den Arm genommen zu werden.

Und nachdem er sich diesen Wunsch endlich standesgemäß erfüllt und dem ranghöchsten Kardinal Guglielmo Gschwandtner für eine Nacht als „Teddybär“ geschenkt hatte – bedrängte ihn nun die restliche Zeit die brennende Frage, was denn die ***Gläubigen*** so sehr daran fänden, von einem ***Papste***, noch dazu permanent, auf den Arm genommen zu werden.

Und um auch ***dieses*** Phänomen noch nachträglich zu erforschen, machte er gleich als Erstes im nächsten Dasein dem ***neuen*** Amtsinhaber, Zipperlein I., seine Aufwartung – geeigneterweise wieder als Teddybär.

Doch litt sein Nachfolger leider – unter anderem – an einer ausgeprägten ***Bärenphobie*** – sodass er gemeinsam mit anderen Delinquenten flugs auf dem Scheiterhaufen landete.

Nun fühlte er sich zwar gehörig von sich ***selber*** – als ***ehemaligem*** Papste – auf den Arm genommen, war aber ansonsten auch nicht klüger als zuvor.

DER PAPST ALS WILDSCHWEIN

Sich in freier Wildbahn als ***Wildschwein*** auszutoben nach Herzenslust, erschien Papst Nachtrüssel dem Schwärmerischen nur ***allzu*** verlockend für ein künftiges Leben.

Bis er durch teuflische Einflüsterung jauchzend und schenkelklopfend erkannte, dass er sich ***hier*** und ***jetzt***, gerade im gegenwärtigen Amte noch viel ***mehr*** austoben konnte als jedes noch so wilde Schwein!

Die völlig unschuldigen ***tierischen*** Kollegen mögen ihm in gewohnter Großmut vergeben …

DER PAPST ALS MATROSE

Als schneidiger Matrose mit allzeit offenem Hosenschlitz auf stürmischer und wilder See – davon ***träumte*** Papst Nautizius der Forsche nicht nur in lauen Stunden seine gesamte Amtszeit lang.

Doch leider ***blieb*** es eben nur dabei, denn er war nun wirklich alles ***andere*** als schneidig zu nennen. Und auch die übrigen „Accessoires" des Traumes schienen ihm nur höchst ***eingeschränkt*** vereinbar mit seinem heiligen Range.

Immerhin „behalf" er sich gegen Ende seiner Ära dann damit, mit offenem ***Morgenrock*** (und nichts darunter) durch die vatikanischen Gärten zu streifen.

Enttäuschenderweise ***getraute*** sich bloß keiner der Entgegenkommenden jemals, richtig hinzusehen – sondern jeder fiel vor lauter Ehrfurcht mit gesenktem Haupt gleich auf die Knie ...

DER BLUMENHEILIGE

Ein bizarres Geschöpf pflückte Blumen, reichte sie mit einem Hofknicks dem querulanten Bischof Florian Schlapphut dar – und fraß ihn dann mitsamt der Gabe auf.

Von Papst Dampfgack dem Schnöden formell zum „Blumenheiligen“ gesegnet, fand es nun überall dort seinen heiligen Einsatz, wo es im Kirchenvolk irgendwie rumorte …

DIE POLITISCHE LEICHE

Erst als Leiche entdeckte Sir Matthew Hirncastle seinen Hang zur Politik – und wurde nunmehr ***höchst*** aktiv. Insbesondere für die Belange des Umweltschutzes setzte er sich vehement ein – was ihm sogar mehrere Wahlsiege bescherte.

Als allerdings die Presse aufdeckte, dass er in einem Sarg aus ***Edelhölzern*** residierte und seine Schadstoffe direkt ins Erdreich ableitete, war es um seine Karriere sehr rasch wieder geschehen.

Da war er auch ***politisch*** eine Leiche.

DER DORFAPOSTEL

Ein in einen groben Leinensack gehüllter Wanderer in Sandalen gab sich in der ganzen Stadt als „Dorfapostel“ aus – was man ihm auf Grund seiner merkwürdigen Erscheinung auch durchaus zu glauben geneigt war. So hatte er überall Kredit und erntete obendrein manch wohlwollendes Lächeln und milde Gaben.

Doch machte sein Beispiel Schule, und schon bald trat jemand als „Stadtapostel“ in Aktion. Mitten auf dem Marktplatz entspann sich ein erbitterter Kampf zwischen den beiden, auf dessen Höhepunkt sie einander die Gewänder vom Leibe rissen – sodass man tieferschrocken feststellte, dass sie darunter völlig ***nackt*** und ganz ***gewöhnliche*** Sterbliche waren. Worauf man sie mit Schimpf und Schande davonjagte.

Seither wird jeder, der sich als Apostel ausgibt, mit Argusaugen von der Bevölkerung betrachtet. Durchaus zu Recht vermutlich ...

DAS VIRTUELLE GESCHÖPF

Ein Geschöpf sprang virtuos ins Alligatorbecken
– bloß um die Zuschauer gründlich zu necken.

Denn als es unversehrt wieder herausfand –
hatten endlich alle seine Virtualität erkannt!

DER ALLZEIT UMWORBENE

Dieses sei in fast allen Religionen nicht etwa Gott, wie naive Gemüter vielleicht vermuteten, sondern, ganz im Gegenteil, eindeutig ***Satan***! Weshalb man jene auch wirklich nur als Synonym für „***Wahnsinn in allen Variationen***“ subsumieren könne – da sie dem Menschen die ureigensten göttlichen Eigenschaften sowie sein Denkvermögen absprächen und ihn stattdessen durch die permanente Konzentration auf den ***Teufels***kreis Furcht-Strafe-(Erb-)Sünde geradezu zur Ohnmacht verdammten oder aber seine niederen Instinkte förderten. Wobei die ***Umkehrung*** von Tugenden (wie Freigeistigkeit) in „***Sünden***“, und Lastern (wie blindgläubiger Dogmatismus) in „***Lauterkeit***“ besonders perfide erscheine – und zugleich den angeblichen Schöpfer solcher Kreaturen zu einem „debilen Monster“ degradiere, welches die eigenen Sprösslinge ob ihrer „Unzulänglichkeiten“ verurteile und bestrafe, ja gar einem abscheulichen Opfertod aussetze.

Er habe sich selber leider allzu lange vom bornierten Hass auf jeden Andersdenkenden infizieren lassen, sähe nun aber infolge ernsthafter Erkrankung und damit verbundener Einsicht die späte Chance zur Besinnung.

Soweit die Quintessenz der „Memoiren eines Geläuterten“, nämlich Kardinal Romulos Krautgott, den der Himmel barmherzigerweise noch rasch heimholte, ehe er von der Inquisition „umworben“ werden konnte …

DER GALOPP AUF DEM RHINOZEROS

Partout auf einem Rhinozeros wünschte die vormalige Miss Waltraud Rüschengack ins Jenseits zu galoppieren. Zum einen, weil sie dort offenbar noch nicht so recht angekommen war, zum anderen aber, um sich einen Traum aus Kindheitstagen zu erfüllen.

„Und sonst haben Sie keine Sorgen, Sie Rhinozeros?!“, wies ihr ein solches die kalte Schulter, als sie bei ihm antichambrierte, „Sind Sie doch lieber heilfroh, dass Sie endlich ***niemanden*** mehr benötigen auf Erden!“

Da dankte sie ihrem weisen Gegenüber, ihr die Augen geöffnet zu haben – und ritt glücklich und zufrieden auf sich ***selber*** hinüber.

Und dies, ohne ein einziges Mal herabzufallen!

DER PAPST ALS ZIMMERKLO

Um seine Kardinäle eine Zeit lang unbemerkt auch nachts zu kontrollieren, quartierte sich Papst Rosenhirn III. abwechselnd bei ihnen als Zimmerklo ein.

Man weiß zwar nicht, was er erwartete, aber was er ***da***bei „erlitt“ und erlebte, erfüllte ihn derart mit religiösem Unbehagen und Befremden, dass er hinfort nicht nur auf jegliche Inspektion überhaupt verzichtete, sondern sich gänzlich von ihnen abwandte und auch keine neuen mehr ernannte.

Seine Nachfolger glichen gottlob dieses „Manko“ sehr rasch wieder aus.

DER PAPST ALS BETTVORLEGER

Als Papst Narkotikus der Ewige, immer noch ganz benommen vom ständigen, überreichen Messweinkonsum, dessen ungeachtet energisch fordernd ans Himmelstor pochte, wurde er zur möglichst ***nachhaltigen*** Kurierung seines Rausches behutsam auf die Erde retourverwiesen.

Als Bettvorleger von Monsignore Filippo Breitlümmel, einem chronisch angeheiterten Dorfgeistlichen.

DAS UNVERFRORENE GESCHÖPF

Ein Geschöpf war so unverfroren, einfach zu sterben – ohne zu fragen, ob die Zeit hierfür schon reif sei.

Postwendend schickte man es daher wieder retour. Und zwar als „umsichtigen, allseits anerkannten“ Staatsmann.

DER SARG ALS BRAUTJUNGFER

Ein von chronischen Selbstzweifeln gequälter Sarg ließ sich seine Natur erst eigens vom Hersteller mittels Zertifikats bestätigen, und dieses dann obendrein notariell beglaubigen.

Da indes seine Skrupel anhielten, stellte er nun seine gesamte Existenz in Frage, sattelte völlig um – und wirkt seither höchst erfolgreich und zufrieden als „professionelle Brautjungfer der etwas ***anderen*** Art“.

Und dies, obwohl er hierfür ***weder*** Zeugnisse ***noch*** die geringste Beglaubigung vorzuweisen hat!

DIE UMGEKEHRTE AUTOPSIE

Als Mrs. Belinda Mehlbrust, von jeher auf ***Kriegsfuß*** mit der Ärzteschaft, am Beginn ihrer Obduktion „plötzlich und unerwartet“ wiedererwachte, kannte sie wahrlich ***keinen*** Pardon.

Außer sich vor Empörung sprang sie dem vor Schreck wie gelähmten Gerichtsmediziner Ronald Haferfrust an die Gurgel, um ihn mit dem Hinweis zu erwürgen: „Genau das hätte ich schon mit Ihren ***Kollegen*** tun sollen, Sie ekelhaftes, zudringliches Subjekt! Dann wäre ich gar nicht erst hierher gelangt!“

Sodann nahm sie ohne Verzug die Autopsie an dem Bedauernswerten vor – um endlich einmal festzustellen, wie „eines dieser weißen Monster“ sich innerlich von sonstigen Lebewesen unterscheide.

Ihr medizinisches Gutachten steht allerdings bis heute aus ...

DER NACKTE REGENWURM

Ein Regenwurm wurde in einem sittenstrengen katholischen Land verhaftet, weil er nackt über eine belebte Straße lief.

Und als er beteuerte, noch nie Kleidung besessen zu haben und auch gar nicht zu wissen, wie eine solche beschaffen sein sollte, wurde er wegen Uneinsichtigkeit ohne weiteres Gerichtsverfahren im Morgengrauen hingerichtet.

Und anschließend dem regierenden Erzbischof zum Frühstück serviert.

DAS NACKTE ENTSETZEN

Das nackte Entsetzen packte Sir Rutherford Mondquark zunächst, als er seinen Bauch betrachtete – denn dieser war völlig leer! Und das, obwohl er sich doch im wahrsten Wortsinne zu Tode gefressen hatte!

Doch auf dem Seziertisch war eben auch sein „wichtigstes“ Organ komplett und säuberlich enträumt worden.

Aber vielleicht musste er ja nun ***endlich*** einmal ***nicht*** mehr Hunger leiden, tröstete er sich schon bald …

DIE KUNST, SICH SELBER ZU VERSPEISEN

Zur abschließenden Krönung seines ganz der ***Kunst*** geweihten Lebens gelüstete es Maestro Salvatore Gschwindlaus nach einem wirklich unerhörten ***Kabinettstück***: Nicht eher gedachte er zu ruhen, als bis er es fertigbrächte, sich mit Messer, Gabel und Serviette, fein säuberlich und gesittet, vor dem Parlamentsgebäude selber zu verspeisen – sein erlauchtes Beispiel den Abgeordneten quasi zur Nachahmung empfehlend.

Allein, so sehr er sich auch, vom Ehrgeiz ohnehin schon halb zerfressen, abmühte, er schaffte einfach nicht den Rest – was ihn, dem Stückwerk jeder Art zutiefst zuwider, in äußerste Verzweiflung stürzte, sodass er sich schließlich auf ***kontrastierende*** Weise das Leben nahm, indem er sich aushungerte.

Die Parlamentarier zeigten sich übrigens, wenig überraschend, von ***keiner*** der beiden Methoden sonderlich beeindruckt – was er dem „unbelehrbaren Pack“ noch ***drüben*** kräftigst verübelte!

DAS ROTZGIRL

Ein Rotzmensch[1] wollte hoch hinaus.

Da es dabei freilich seine wahre Natur weder verleugnen konnte noch mochte, erhob es sich zunächst zum Rotz***girl*** – weil ein solches eben in seinen Augen ungleich mehr Ansehen als ein schlichtes Rotzmensch besaß.

Aber bis zu einer echten Rotz***dame*** war es dann schon noch ein fast unbezwingbar weiter Weg ...

[1] Ungezogenes Mädchen, Göre

DAS SCHÖNSTE ROTZMENSCH ALLER ZEITEN

Ein Rotzmensch war von solch ungewöhnlicher, geradezu ***atypischer*** Schönheit, dass man sich förmlich ***gezwungen*** sah, dem irgendwie Rechnung zu tragen.

Mangels anderer Ideen krönte man es zur Königin – und entwickelte sich unter seiner Herrschaft zu einer überaus stolzen, florierenden „***Rotznation***" – die sich dieses Prädikat freilich bei ***Strafandrohung*** bis heute ausdrücklich verbeten hat!

DER RICHTER UND DAS ROTZMENSCH

Zum wiederholten Male musste ein Rotzmensch sich wegen „exzessiver und obsessiver Impertinenz“ vor Richter Damokles von Hühnerbeutel verantworten. „Ewig die ***gleiche*** Leier!“, hielt sie ihm gelangweilt gähnend entgegen, nachdem er sie wie üblich für mehrere Monate in ein „Erziehungsheim für unerziehbare Rotzmenscher“ eingewiesen und seine Strafpredigt beendet hatte.

„Na warte, du Rotzmensch! Ich kann dir gern etwas ***anderes*** leiern!“ Wütend raffte er seine Robe, eilte herab vom Podium und flüsterte ihr abseits des Protokolls mit grimmiger Miene etwas ins Ohr – worauf sie zusehends erbleichte, und niemals wieder straffällig wurde.

Denn Seine Ehren hatte ihr schlicht beim nächsten Anlass die Unterbringung in einem Heim für *„**erziehbare***** Rotzmenscher“ in Aussicht gestellt ...

DER HEILIGE UNRAT

„Alles bloß heiliger Schnickschnack und Unrat!“, ätzte ein Teufel einmal mehr bei der jährlichen Inventur in seiner Kirche. „Wirklich ärgerlich, dass er zum Betrieb des Hauses absolut unabdingbar ist.“

„Sowie ich jedoch in den verdienten Ruhestand trete, verscherble ich das ganze Zeug und lasse mir vom Erlös eine heilige Klimaanlage und ein noch heiligeres Schwimmbad in der Hölle errichten!“

„WER SICH MIT FLÖHEN HINLEGT …“

„… wacht am Morgen mit Läusen wieder auf!“, warnte Kardinal Hillarius Immerborn stets mit schelmischem Lächeln in seinen Predigten.

Was ihn als treusorgenden Vater freilich nicht hinderte, jede Nacht ***einen*** seiner zahlreichen heimlichen, verwahrlosten Sprösslinge als besondere Auszeichnung mit ins Bett zu nehmen …

DIE HÜBSCHE GESCHICHTE

Eine Geschichte war so hübsch, dass sie jedermann ausnehmend gut gefiel. Nur sie ***selbst*** mochte sich seltsamerweise ***gar*** nicht – und steigerte sich hierin noch so weit, dass sie sich schließlich sogar umbrachte.

Da die Leute sie aber mittlerweile ohnehin schon bis zum ***Überdrusse*** genossen hatten, berührte sie dies kaum, und sie besuchten nicht einmal mehr ihr Grab!

So bewahrt eben auch Hübschheit nicht vor dem Untergange.

DAS EINFÄLTIGE GESCHÖPF ODER
DER KAISER VON CHINA

Ein Geschöpf war so einfältig, sich für den ***Kaiser von China*** zu halten – und in dieser Eigenschaft massenhaft Hinrichtungen anzuordnen.

Und seine „Untertanen“ waren ***noch*** einfältiger – und führten diese tatsächlich ***aus*** ...

DAS VERSCHWOMMENE GESCHÖPF (2)

Ein Geschöpf war so verschwommen,
dass man es kaum je wahrgenommen.

Dies war ihm letztlich doch zu dumm –
und es brachte sich durch Ertrinken um.

DIE SELBSTEXHUMIERUNG

Wiewohl bereits vor geraumer Zeit völlig glücklich und zufrieden verschieden, exhumierte sich Monsieur Ephraim Nachtfloh eines holden Frühlingstages dennoch selbst und suchte Dottore Marcello Grieslump, einen angesehenen Spezialisten, auf.

Um sich durch eine Autopsie Gewissheit zu verschaffen, ob er nicht etwa kürzlich vor lauter jahreszeitbedingter Aufregung einen ***Sargnagel*** verschluckt habe.

DER PAPST ALS BRECHMITTEL

Um besonders unbeugsame Zeitgenossen möglichst wirksam zu kurieren, flößte sich ihnen Papst Lysophormius der Starke mit bereitwilligster Unterstützung Satans als in Speisen und Getränken verstecktes Brechmittel ein.

Nur zu dumm freilich, dass seine „Patienten“, nachdem sie ihn endlich wieder ausgekotzt, allesamt um nichts ***frommer*** waren!

Was den Verdacht durchaus erhärtet, er und Luzifer hätten lediglich einen Vorwand für ein ***Privatvergnügen*** gesucht ...

DER PAPST ALS BRATHÜHNCHEN

Zur endgültigen Klärung der altbekannten, lästigen Frage, was es ***zuerst*** gab, Henne oder Ei, zog Papst Suppinius der Schmackhafte nicht etwa seinen Herrn zu Rate, sondern ließ sich, nach dem bewährten Leitspruch: „***Selbst*** ist der Mann!“, gleich selber auf eine Laufbahn als Huhn ein.

Naturgemäß brachte ihn dies der Lösung aber auch nicht näher – umso mehr er sich nicht, wie man meinen würde, für die spezielle Form der Legehenne, sondern – in Huldigung an schwelgerische Tafelfreuden, und um sein Dasein nicht ***zu*** trocken zu gestalten – lieber für jene eines zarten und saftigen ***Brathühnchens*** entschied ...

DER PAPST ALS STAUBWEDEL

Um gleich von Anbeginn seinen Kurs klar zu umreißen – nämlich strikte Demut sowie vermehrte Sauberkeit im Vatikan –, ernannte Papst Schmafuzius der Edle in seiner feierlichen Antrittsrede sich schlicht zum „Staubwedel des Herrn“.

Verständlich, dass ihm die verzückten Gläubigen mit ganz ***besonderer*** Ekstase zujubelten.

DER SMARTE NIKOLAUS

Ein smarter Nikolaus lebte mit einem smarten Krampus zusammen. Um ihre Smartheit noch zu potenzieren, heirateten sie schließlich – waren aber dem geballten Übermaße dann doch nicht gewachsen, und ließen sich wieder scheiden.

Seither treffen die beiden nur mehr zur Adventszeit aufeinander. Und auch dies nur, weil es ihnen von oben diktiert wird.

DER KAPAUN MIT DER KAPUZE

Zum Andenken an seinen Vater, der Abt war in Sankt Florenzen, trug ein Kapaun von Kindheit an ständig eine weiße Kapuze.

Dies vermochte ihn jedoch keineswegs vor stürmischen Verehrerinnen zu bewahren. Und so passierte es, dass er einer erbarmungslos Verliebten allzu voreilig und unüberlegt sein Jawort gab.

Als sie ihm nun in der Hochzeitsnacht voller Ungestüm das „lästige Ding“ vom Kopfe riss, musste die Braut mit herber Enttäuschung feststellen, dass er darunter mittlerweile völlig kahl war – worauf sie leichten Herzens in die unverzügliche Scheidung einwilligte.

„Dieses unverdiente Glück habe ich ausschließlich ***dir*** zu verdanken, o mein Papa!“, jubelte der „Amnestierte“ voller Erleichterung.

DIE WILDE GANS

Nachdem Freifrau Mechthilde von Schwarzbart in ihrem maßlos übersteigerten, unbezwingbaren Jagdtrieb sogar Oberförster Casimir Windraub versehentlich angeschossen hatte, wurde sie von der Dorfgemeinde nur noch hämisch als „wilde Gans“ apostrophiert.

Dass sie ihr Opfer wie auch sich selber wenig später dann ***ganz*** erschoss – nachdem sie es zur „Wiedergutmachung“ zuvor ***geheiratet*** hatte –, lässt einen nur ***dreifach*** bei sämtlichen Gänsen und Wildgänsen um Vergebung bitten für die so ***missbräuchliche*** Verwendung ihres stolzen Namens!

DER PAPST ALS ZIGARRENSTUMMEL

Auf eine wahrhaft glorreiche Idee zur Bekehrung Satans verfiel Papst Halawachl der Schlaue. Er schmuggelte sich als Zigarre in die Tabatiere seines Widersachers, der ja bekanntlich unentwegt vor sich hin qualmt, und wartete nunmehr gelassen und siegessicher, bis er an der Reihe war.

Doch während der Teufel ihn dann wirklich besonders tief und kräftig inhalierte, fühlte der sich zwar nichts ***weniger*** als „geheiligt“, dafür gleichwohl aber ***teuflisch*** gut, rauchte ihn andächtig hinab bis auf den Stummel – und legte diesen in ein Medaillon, das er forthin mit einer Kette um den Hals trug.

Geziert von der Inschrift: „Zum Gedenken an Seine Heiligkeit Halawachl den Schlauen und dessen selbstloses Bemühen zur ***grandiosen*** Steigerung meines Wohlbefindens“.

DAS RUCHLOSE GESCHÖPF

Aufgeregt und in Lockenwicklern unterbrach ein ruchloses Geschöpf die Plenarversammlung des Parlaments mit der schockierenden Nachricht, der Präsident der Republik, Señor Salvatore Hinterfuzzl, liege in seinen letzten Zügen, und es sei sein dringlichster Wunsch, dass sich zum Abschied sämtliche Abgeordneten bei ihm einfänden, um die Höhepunkte ihrer wichtigsten Reden der vergangenen 5 Jahre noch einmal feierlich zu deklamieren.

In Wahrheit aber hatte er bloß infolge eines ihm heimtückisch verabreichten Mittels verschlafen – und als nun beim widerstrebenden Erwachen die „geladenen“ Gäste vollzählig und wild und lautstark durcheinanderquasselnd vor seinem Bette defilierten, traf ihn verständlicher- und barmherzigerweise wirklich der Schlag.

Das Geschöpf hingegen hatte sich inzwischen auf dem Dach mit breitem Grinsen seines Unterrocks entledigt, sonnte genießerisch seine Kehrseite und träumte davon, wie herrlich es doch wäre, noch ein wenig ***ruchloser*** zu sein ...

DER PAPST ALS ZUCKERFEE

Einmal in seinem Leben wenigstens hätte Papst Acidius der Saure sich allzu gern in eine ***Zuckerfee*** versüßt.

Sein Wunsch ward ihm erfüllt – doch nun, befreit vom Zölibat, verliebte er sich gleich in sich, heiratete sich und zog mit sich, statt in den öden Vatikan zurückzukehren, lieber in ein verführerisches Zuckerschloss.

Wer wohl könnte ihm ***dieses*** verübeln?

Printed by Books on Demand GmbH, Norderstedt / Germany